Impressum
Verlag: BABADADA GmbH, Nedderfeld 112 , 22529 Hamburg
Geschäftsführer / Verlagsleitung: Harald Hof
Druck: Books on Demand GmbH, In de Tarpen 42, 22848 Norderstedt

Imprint
Publisher: BABADADA GmbH, Nedderfeld 112 , 22529 Hamburg, Germany
Managing Director / Publishing direction: Harald Hof
Print: Books on Demand GmbH, In de Tarpen 42, 22848 Norderstedt

Šola
school

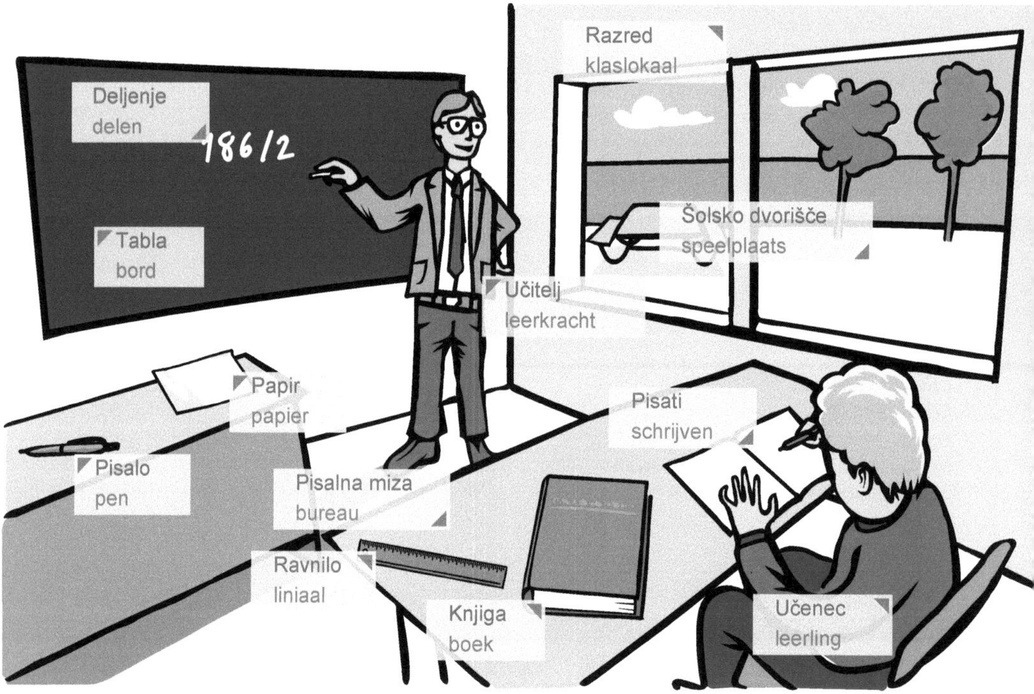
Razred
klaslokaal
Deljenje
delen
186/2
Tabla
bord
Šolsko dvorišče
speelplaats
Učitelj
leerkracht
Papir
papier
Pisati
schrijven
Pisalo
pen
Pisalna miza
bureau
Ravnilo
liniaal
Knjiga
boek
Učenec
leerling

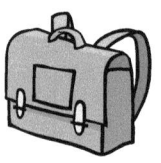

Šolska torba

schooltas

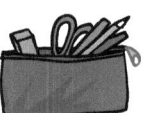

Peresnica

pennenzak

Svinčnik

potlood

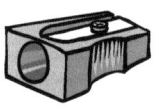

Šilček

puntenslijper

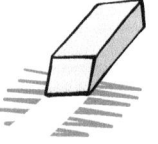

Radirka

gom

Risalni blok

tekenblok

Risba

tekening

Čopič

verfborstel

Vodene barvice

verfdoos

Škarje

schaar

Lepilo

lijm

Zvezek

werkboek

Domača naloga

huiswerk

Število

nummer

Seštevanje

optellen

Odštevanje

aftrekken

Množenje

vermenigvuldigen

Računanje

rekenen

Črka

letter

Abeceda

alfabet

Beseda

woord

Besedilo

tekst

Brati

Lezen

Kreda

krijt

Učna ura

les

Redovalnica

klassenboek

Preizkus znanja

examen

Spričevalo

certificaat

Šolska uniforma

schooluniform

Izobrazba

onderwijs

Enciklopedija

encyclopedie

Univerza

universiteit

Mikroskop

microscoop

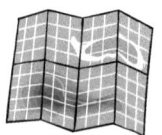

Zemljevid

kaart

Koš za smeti

papiermand

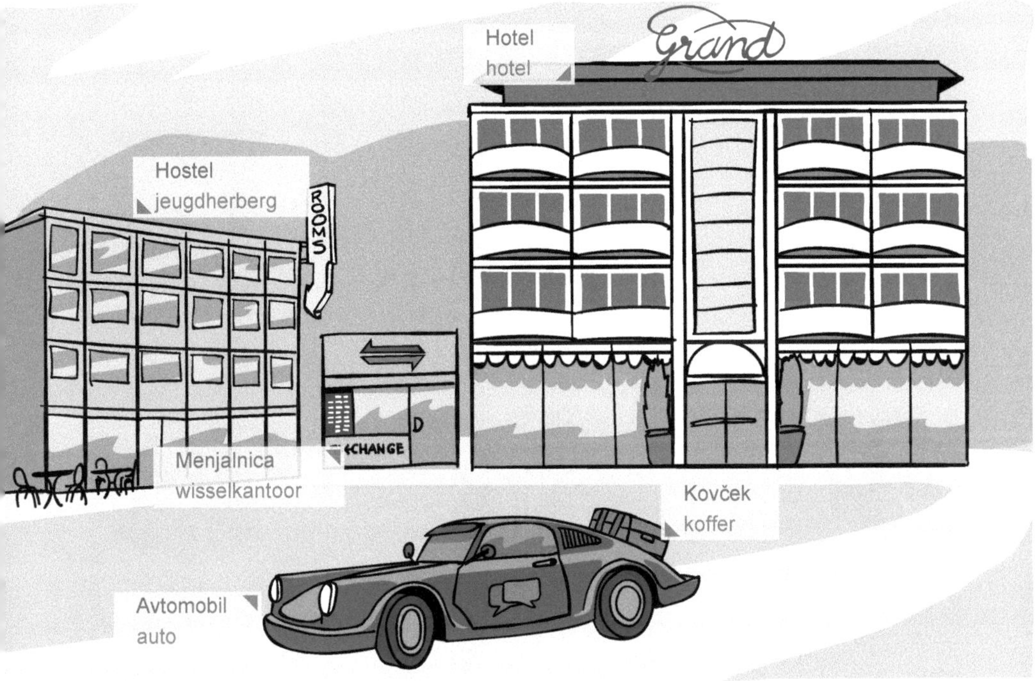

Hotel
hotel
Grand
Hostel
jeugdherberg
ROOMS
Menjalnica
wisselkantoor
Kovček
koffer
Avtomobil
auto

Jezik

Taal

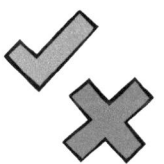

da / ne

ja / nee

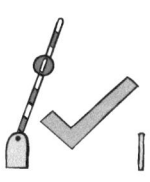

Prav

oké

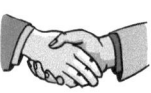

Pozdravljeni

hallo

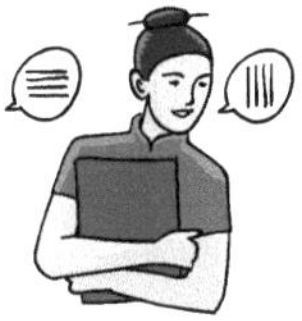

Prevajalec

vertaler

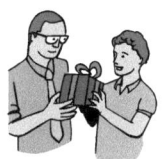

Hvala

bedankt

Koliko stane…?

Hoeveel kost …?

Ne razumem

Ik begrijp het niet

Težava

probleem

Dober večer!

Goedenavond!

Dobro jutro!

Goedemorgen!

Lahko noč!

Goedenavond!

Nasvidenje

Tot ziens

Smer

richting

Prtljaga

bagage

Torba

zak

Nahrbtnik

rugzak

Gost

gast

Soba

kamer

Spalna vreča

slaapzak

Šotor

tent

Turistične informacije

toeristeninformatie

Plaža

strand

Kreditna kartica

kredietkaart

Zajtrk

ontbijt

Kosilo

lunch

Večerja

avondeten

Vozovnica

ticket

Dvigalo

lift

Znamka

postzegel

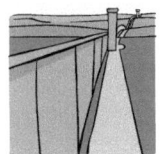

Meja

grens

Carina

douane

Veleposlaništvo

ambassade

Vizum

visum

Potni list

paspoort

Prevoz
transport

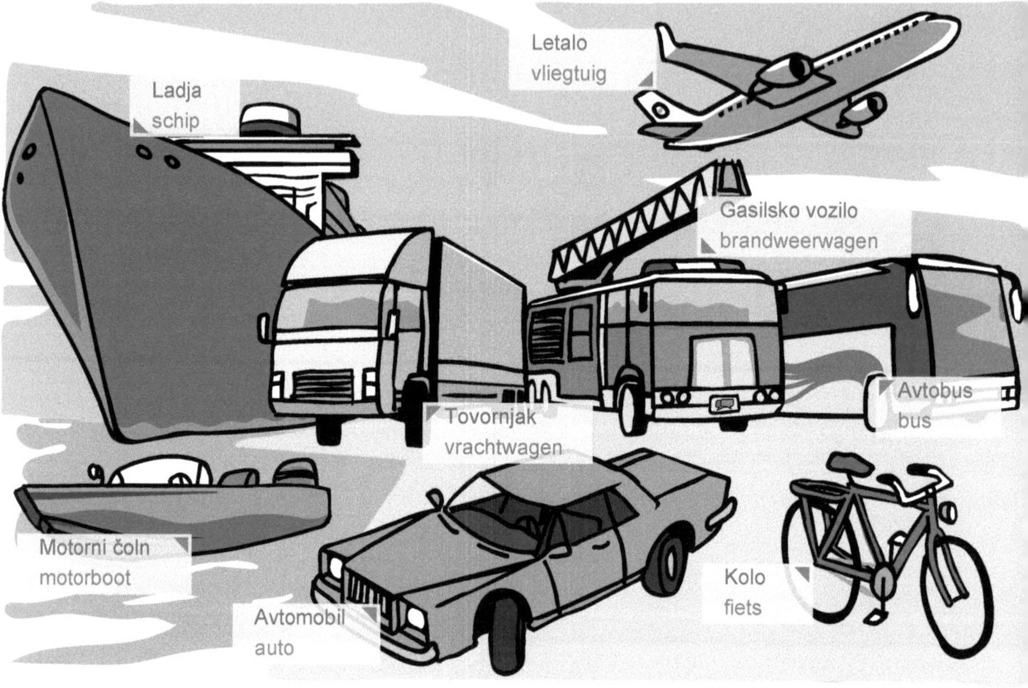

Letalo
vliegtuig
Ladja
schip
Gasilsko vozilo
brandweerwagen
Tovornjak
vrachtwagen
Avtobus
bus
Motorni čoln
motorboot
Kolo
fiets
Avtomobil
auto

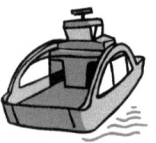

Trajekt

veerboot

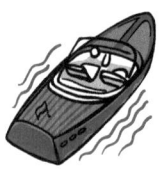

Čoln

boot

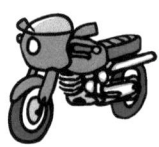

Motorno kolo

motor

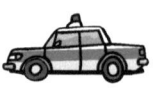

Policijski avto

politiewagen

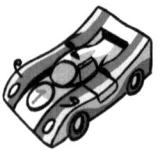

Dirkalni avto

racewagen

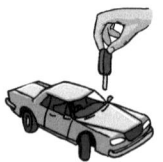

Najeto vozilo

huurauto

Souporaba avtomobila

carpoolen

Avtovleka

sleepwagen

Smetarsko vozilo

vuilniswagen

Motor

motor

Gorivo

benzine

Bencinska postaja

benzinestation

Prometni znak

verkeersbord

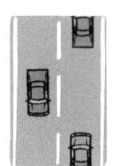

Promet

verkeer

Zastoj

file

Parkirišče

parkeerplaats

Železniška postaja

station

Tirnice

sporen

Vlak

trein

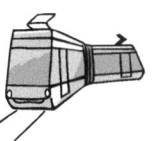

Tramvaj

tram

Vagon

wagon

Helikopter

helikopter

Letališče

luchthaven

Stolp

toren

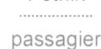

Potnik

passagier

Kontejner

container

Karton

karton

Voziček

kar

Košara

mand

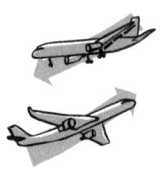

vzleteti / pristati

opstijgen / landen

Mesto
stad

Vas

dorp

Mestno jedro

stadscentrum

Hiša

huis

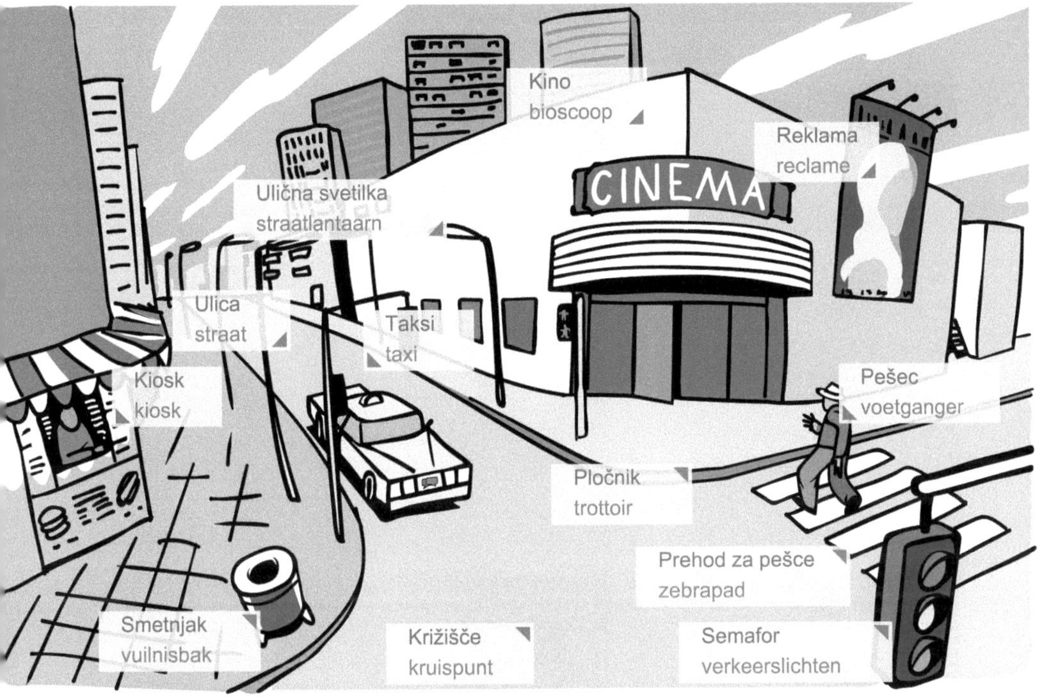

Kino
bioscoop

Reklama
reclame

Ulična svetilka
straatlantaarn

CINEMA

Ulica
straat

Taksi
taxi

Pešec
voetganger

Kiosk
kiosk

Pločnik
trottoir

Prehod za pešce
zebrapad

Smetnjak
vuilnisbak

Križišče
kruispunt

Semafor
verkeerslichten

Koča

hut

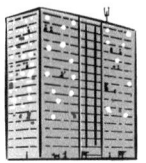

Stanovanje

woning

Železniška postaja

station

Mestna hiša

stadshuis

Muzej

museum

Šola

school

Univerza

universiteit

Banka

bank

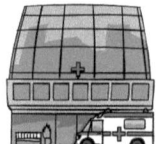

Bolnišnica

ziekenhuis

Hotel

hotel

Lekarna

apotheek

Pisarna

kantoor

Knjigarna

boekwinkel

Trgovina

winkel

Cvetličarna

bloemenwinkel

Supermarket

supermarkt

Tržnica

markt

Veleblagovnica

warenhuis

Ribarnica

vishandelaar

Nakupovalno središče

winkelcentrum

Pristanišče

haven

Park

park

Klop

bank

Most

brug

Stopnice

trap

Podzemna železnica

metro

Predor

tunnel

Avtobusno postajališče

bushalte

Bar

bar

Restavracija

restaurant

Poštni nabiralnik

brievenbus

Ulična tabla

straatnaambord

Parkirna ura

parkeermeter

Živalski vrt

zoo

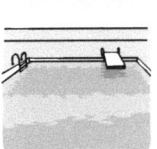

Kopališče

zwembad

Mošeja

moskee

Kmetija

boerderij

Onesnaževanje

milieuverontreiniging

Pokopališče

kerkhof

Cerkev

kerk

Otroško igrišče

speelplaats

Tempelj

tempel

Pokrajina
landschap

List
blad

Kažipot
wegwijzer

Pot
weg

Travnik
weide

Kamen
steen

Drevo
boom

Pohodnik
wandelaar

Reka
rivier

Trava
gras

Cvetlica
bloem

Dolina

vallei

Hrib

heuvel

Jezero

meer

Gozd

bos

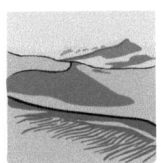

Puščava

woestijn

Vulkan

vulkaan

Grad

kasteel

Mavrica

regenboog

Goba

paddenstoel

Palma

palmboom

Komar

mug

Muha

vlieg

Mravlja

mier

Čebela

bijl

Pajek

spin

Hrošč

kever

Žaba

kikker

Veverica

eekhoorn

Jež

egel

Zajec

haas

Sova

uil

Ptič

vogel

Labod

zwaan

Divji prašič

wild zwijn

Jelen

hert

Los

eland

Jez

dam

Vetrnica

windturbine

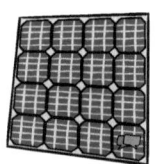

Solarna plošča

zonnepaneel

Podnebje

klimaat

Restavracija
restaurant

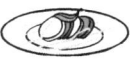

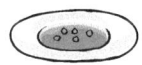

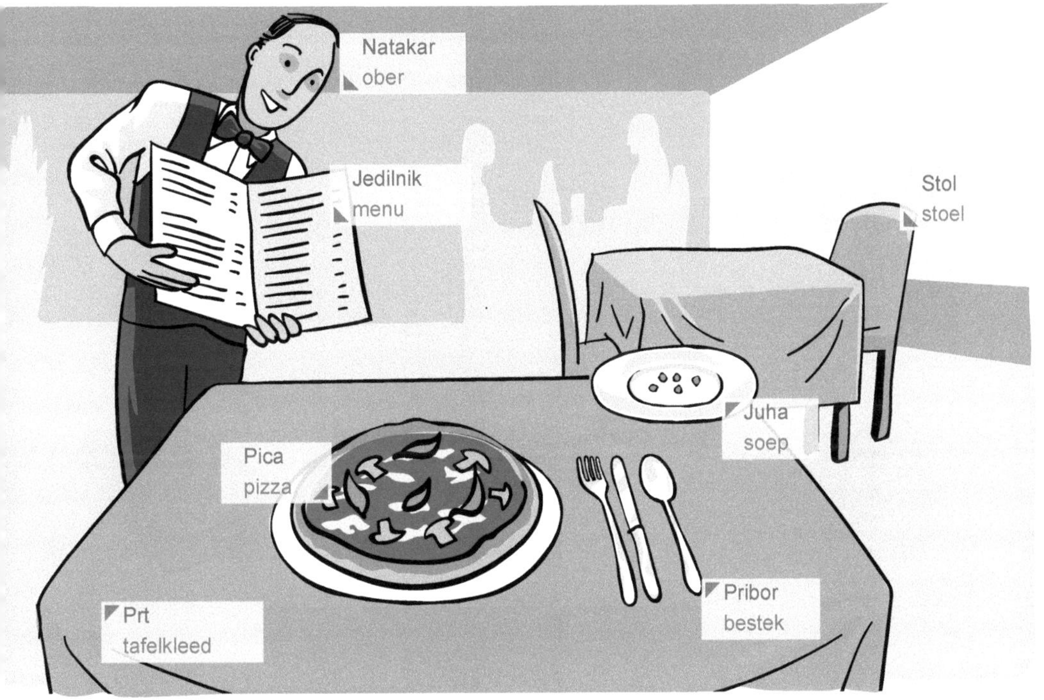

Natakar
ober
Jedilnik
menu
Stol
stoel
Juha
soep
Pica
pizza
Pribor
bestek
Prt
tafelkleed

Predjed

voorgerecht

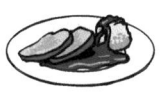

Glavna jed

hoofdgerecht

Sladica

nagerecht

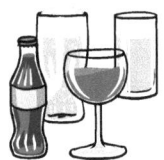

Pijače

drankjes

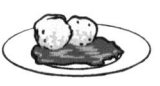

Hrana

eten

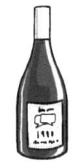

Steklenica

fles

Hitra hrana

fastfood

Ulična hrana

street food

Čajnik

theepot

Sladkornica

suikerpot

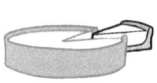

Porcija

portie

Aparat za espresso

espressomachine

Stolček za hranjenje

kinderstoel

Račun

rekening

Pladenj

dienblad

Nož

mes

Vilica

vork

Žlica

lepel

Čajna žlička

theelepel

Servieta

serviette

Kozarec

glas

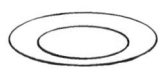

Krožnik

bord

Globoki krožnik

soepbord

Krožniček

schoteltje

Omaka

saus

Solnica

zoutvatje

Mlinček za poper

pepermolen

Kis

azijn

Olje

olie

Začimbe

kruiden

Kečap

ketchup

Gorčica

mosterd

Majoneza

mayonaise

Supermarket
supermarkt

Posebna ponudba
aanbieding
FOR
Stranka
klant
Mlečni izdelki
zuivelproducten
Sadje
fruit
Nakupovalni voziček
winkelwagen

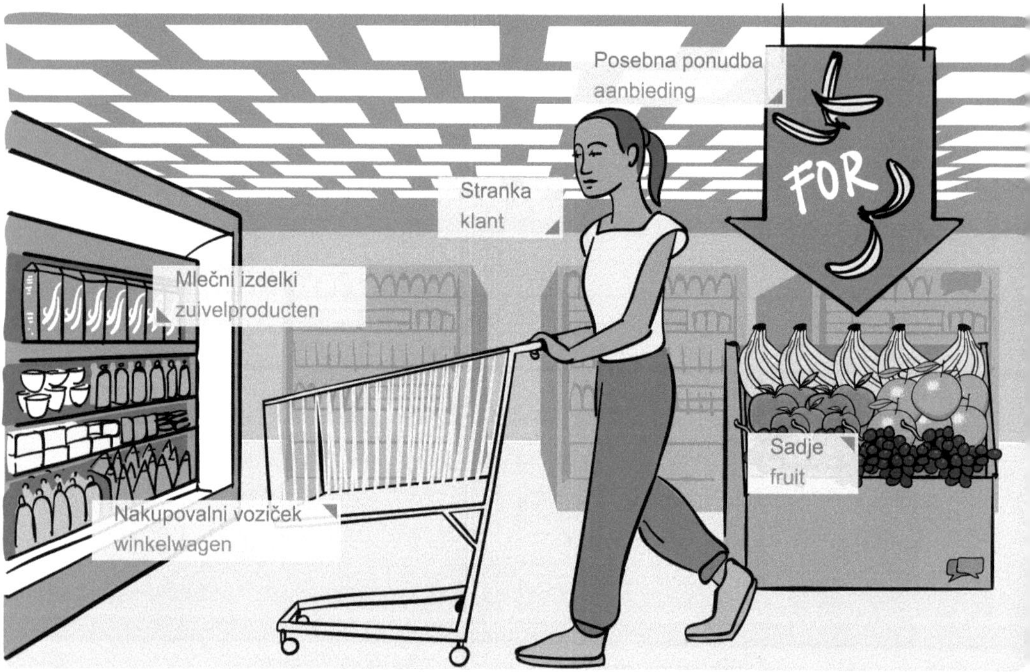

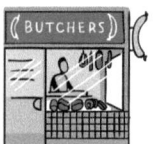

BUTCHERS

Mesnica

slagerij

BAKERY

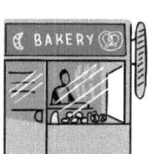

Pekarna

bakkerij

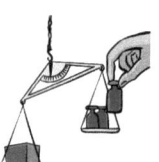

Tehtati

wegen

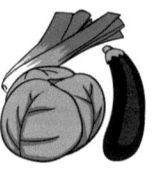

Zelenjava

groenten

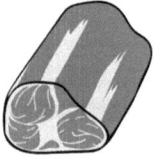

Meso

vlees

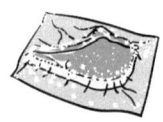

Zamrznjena hrana

diepvriesvoedsel

Hladne mesnine

charcuterie

Konzerve

conserven

Pralni prašek

waspoeder

Sladkarije

snoep

Gospodinjski izdelki

huishoudproducten

Čistilno sredstvo

schoonmaakproducten

Prodajalka

verkoopster

Blagajna

kassa

Blagajnik

kassier

Nakupovalni seznam

boodschappenlijstje

Delovni čas

openingstijden

Denarnica

portefeuille

Kreditna kartica

kredietkaart

Torba

tas

Plastična vrečka

plastieken zakje

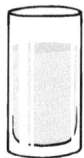

Voda

water

Sok

sap

Mleko

melk

Kola

cola

Vino

wijn

Pivo

bier

Alkohol

alcohol

Kakav

cacao

Čaj

thee

Kava

koffie

Espresso

espresso

Kapučino

cappuccino

Banana

banaan

Jabolko

appel

Pomaranča

sinaasappel

Lubenica

meloen

Limona

citroen

Korenje

wortel

Česen

knoflook

Bambus

bamboe

Čebula

ajuin

Goba

champignon

Oreščki

noten

Rezanci

noodles

Špageti

spaghetti

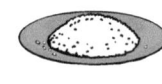

Riž

rijst

Solata

salade

Ocvrt krompirček

frieten

Pečen krompir

gebakken aardappelen

Pica

pizza

Hamburger

hamburger

Sendvič

sandwich

Zrezek

kalfslapje

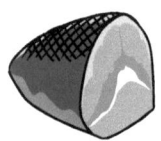

Šunka

ham

Salama

salami

Klobasa

worst

Piščanec

kip

Pečenka

braden

Riba

vis

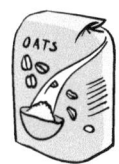

Ovseni kosmiči

havervlokken

Musli

muesli

Koruzni kosmiči

cornflakes

Moka

bloem

Rogljiček

croissant

Žemlja

pistolet

Kruh

brood

Prepečenec

toast

Piškoti

koekjes

Maslo

boter

Skuta

kwark

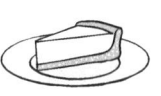

Torta

taart

Jajce

ei

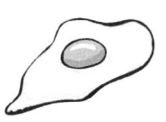

Pečeno jajce na oko

spiegelei

Sir

kaas

Sladoled

ijs

Sladkor

suiker

Med

honing

Marmelada

confituur

Čokoladni namaz

choco

Kari

curry

Hrana - eten

Kmetija
boerderij

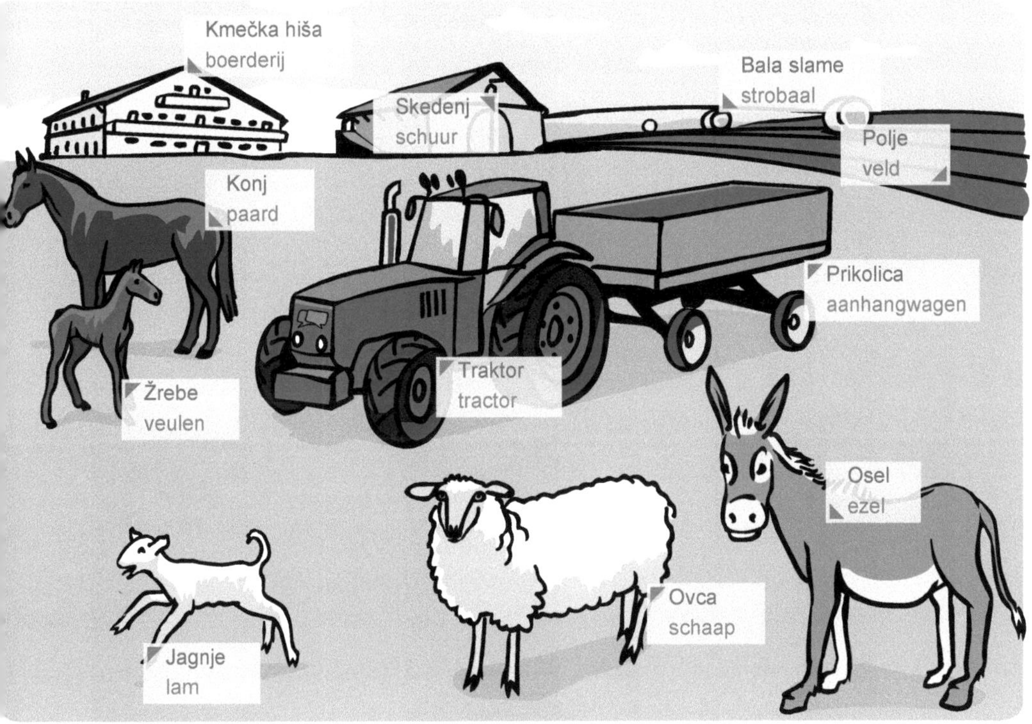
Kmečka hiša
boerderij
Skedenj
schuur
Bala slame
strobaal
Polje
veld
Konj
paard
Prikolica
aanhangwagen
Traktor
tractor
Žrebe
veulen
Osel
ezel
Ovca
schaap
Jagnje
lam

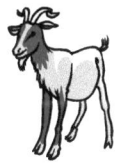

Koza

geit

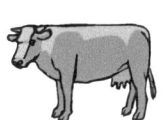

Krava

koe

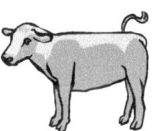

Tele

kalf

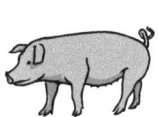

Prašič

varken

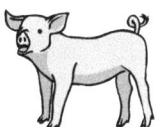

Pujsek

biggetje

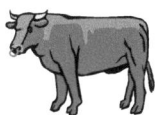

Bik

stier

Gos

gans

Raca

eend

Piščanec

kuiken

Kokoš

kip

Petelin

haan

Podgana

rat

Mačka

kat

Miš

muis

Vol

os

Pes

hond

Pasja uta

hondenhok

Cev za zalivanje

tuinslang

Kangla za zalivanje

gieter

Kosa

zeis

Plug

ploeg

Srp

sikkel

Motika

schoffel

Vile

hooivork

Sekira

bijl

Samokolnica

kruiwagen

Korito

trog

Kangla za mleko

melkkan

Vreča

zak

Ograja

hek

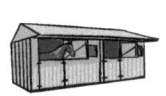

Hlev

stal

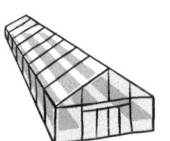

Rastlinjak

broeikas

Prst

bodem

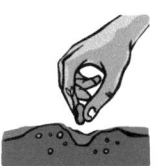

Seme

zaad

Gnojilo

mest

Kombajn

maaidorser

Žeti

oogsten

Žetev

oogst

Jam

yam

Pšenica

tarwe

Soja

soja

Krompir

aardappel

Koruza

maïs

Oljna ogrščica

koolzaad

Sadno drevo

fruitboom

Maniok

maniok

Žito

graan

Hiša
huis

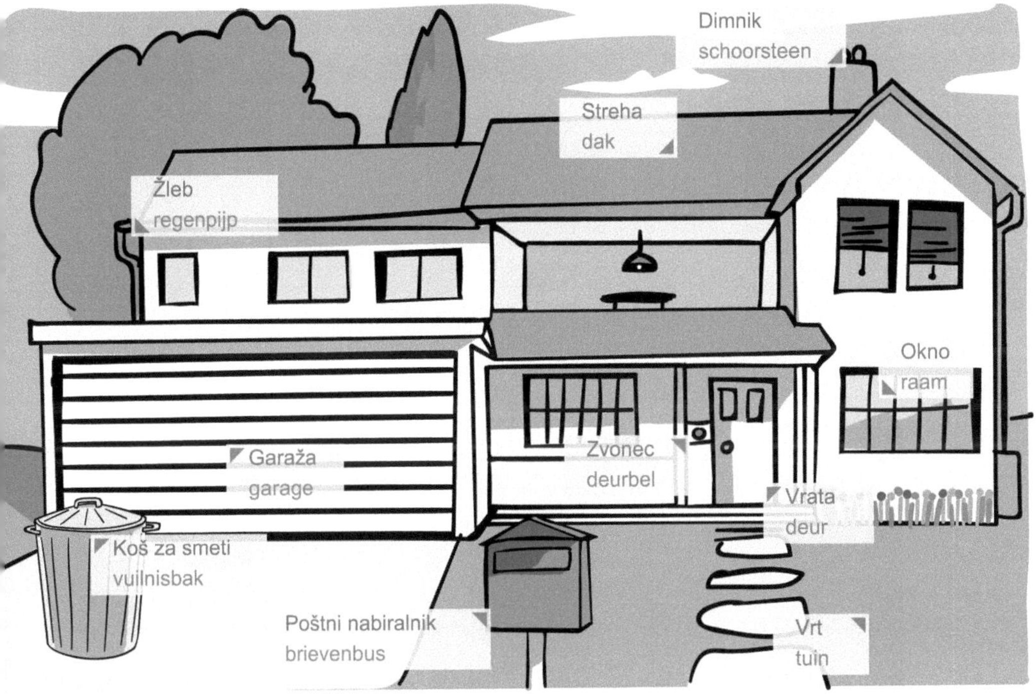
Dimnik
schoorsteen
Streha
dak
Žleb
regenpijp
Okno
raam
Garaža
garage
Zvonec
deurbel
Vrata
deur
Koš za smeti
vuilnisbak
Poštni nabiralnik
brievenbus
Vrt
tuin

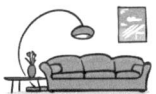

Dnevna soba

woonkamer

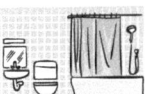

Kopalnica

badkamer

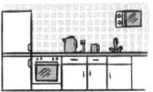

Kuhinja

keuken

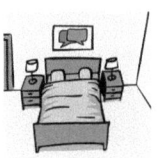

Spalnica

slaapkamer

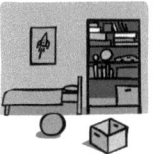

Otroška soba

kinderkamer

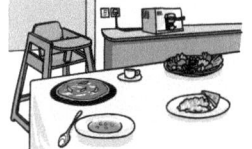

Jedilnica

eetkamer

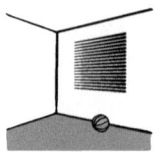

Tla
....
vloer

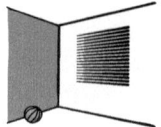

Stena
....
muur

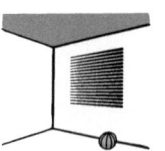

Strop
....
plafond

Klet
....
kelder

Savna
....
sauna

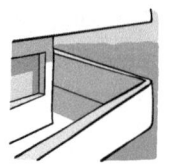

Balkon
....
balkon

Terasa
....
terras

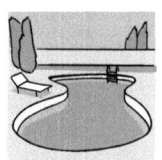

Bazen
....
zwembad

Kosilnica
....
grasmaaier

Rjuha
....
dekbedovertrek

Posteljno pregrinjalo
....
dekbed

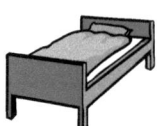

Postelja
....
bed

Metla
....
bezem

Vedro
....
emmer

Stikalo
....
schakelaar

Dnevna soba
woonkamer

Tapeta
behangpapier
Slika
foto
Svetilka
lamp
Polica
schap
Omara
kast
Televizor
televisie
Kamin
open haard
Cvetlica
bloem
Blazina
kussen
Zofa
sofa
Vaza
vaas
Daljinski upravljalnik
afstandsbediening

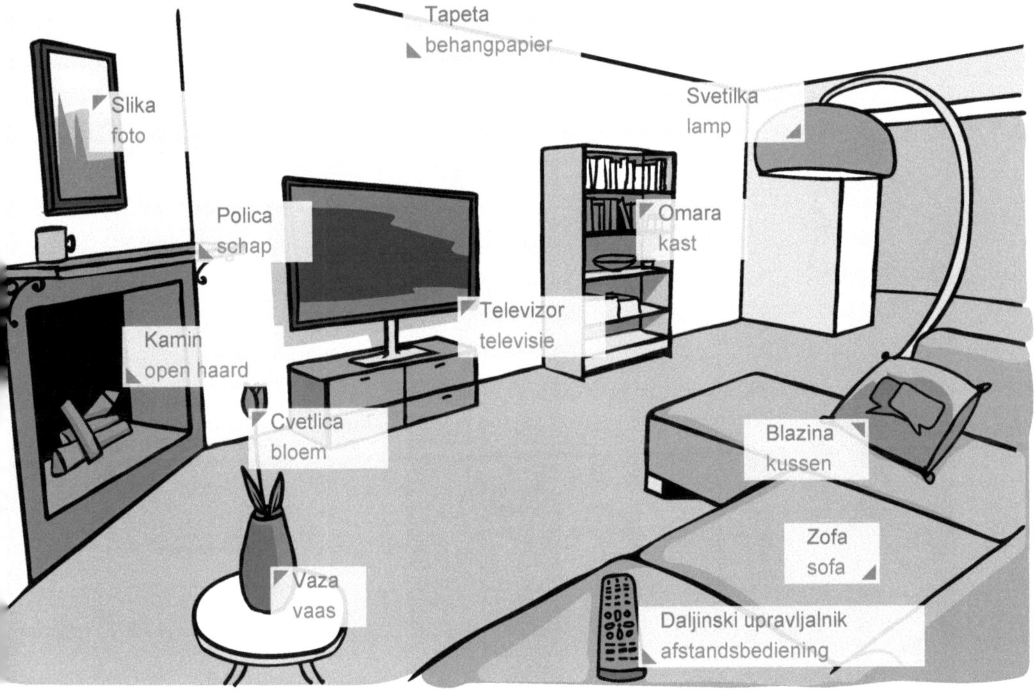

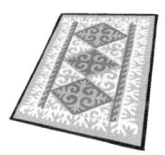

Preproga
mat

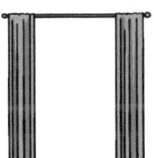

Zavesa
gordijn

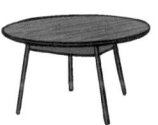

Miza
tafel

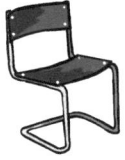

Stol
stoel

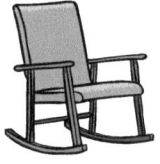

Gugalnik
schommelstoel

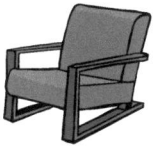

Naslanjač
fauteuil

Knjiga

boek

Odeja

deken

Dekoracija

decoratie

Drva

brandhout

Film

film

Glasbeni stolp

stereo-installatie

Ključ

sleutel

Časopis

krant

Slika

schilderij

Plakat

poster

Radio

radio

Beležka

notitieboekje

Sesalnik

stofzuiger

Kaktus

cactus

Sveča

kaars

Kuhinja
keuken

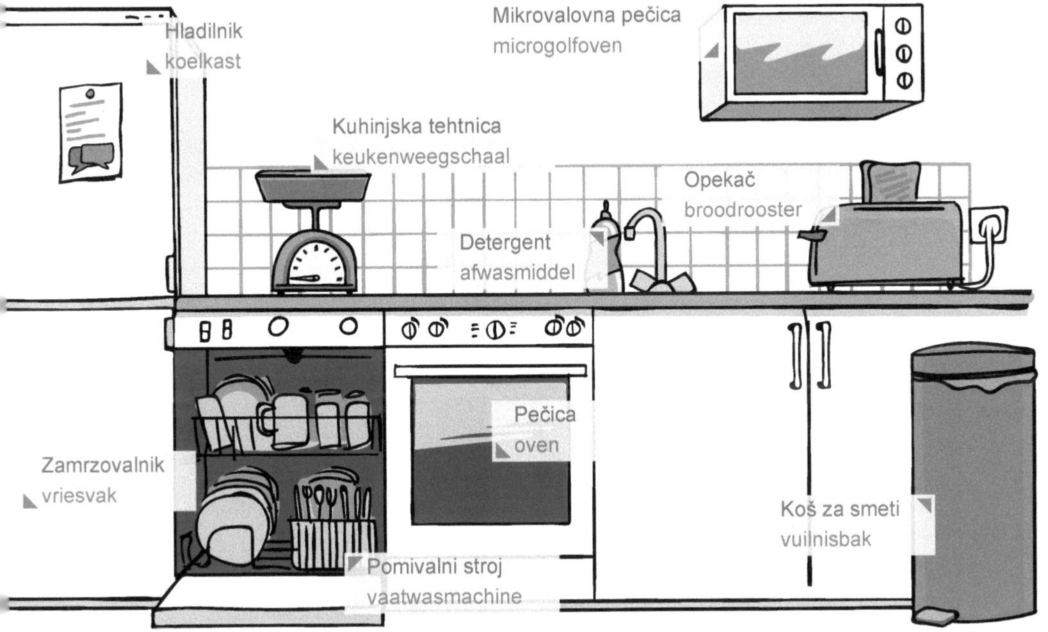

Hladilnik
koelkast
Mikrovalovna pečica
microgolfoven
Kuhinjska tehtnica
keukenweegschaal
Opekač
broodrooster
Detergent
afwasmiddel
Pečica
oven
Zamrzovalnik
vriesvak
Koš za smeti
vuilnisbak
Pomivalni stroj
vaatwasmachine

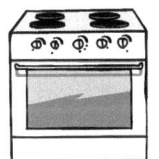

Kozica

fornuis

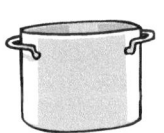

Lonec

pot

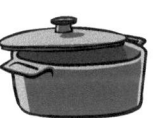

Litoželezni lonec

gietijzeren pot

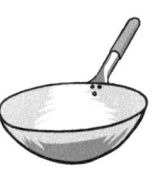

Vok / kadai

wok / kadai

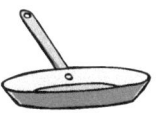

Ponev

pan

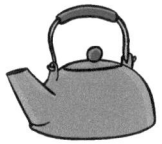

Kotliček

waterkoker

Parni kuhalnik

stoomkoker

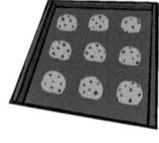

Pekač

bakplaat

Posoda

servies

Skodelica

mok

Skleda

kom

Jedilne paličice

eetstokjes

Zajemalka

pollepel

Lopatica

spatel

Metlica

garde

Cedilnik

vergiet

Cedilo

zeef

Strgalo

rasp

Možnar

mortier

Žar

barbecue

Ognjišče

haardvuur

Deska za rezanje

snijplank

Valjar

deegrol

Odpirač za steklenice

kurkentrekker

Pločevinka

blik

Odpirač za konzerve

blikopener

Prijemalka za posodo

pannenlap

Korito

gootsteen

Ščetka

borstel

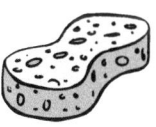

Goba

spons

Mešalnik

blender

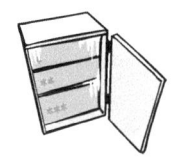

Zamrzovalna skrinja

vriezer

Steklenička

papfles

Pipa

kraan

Kopalnica
badkamer

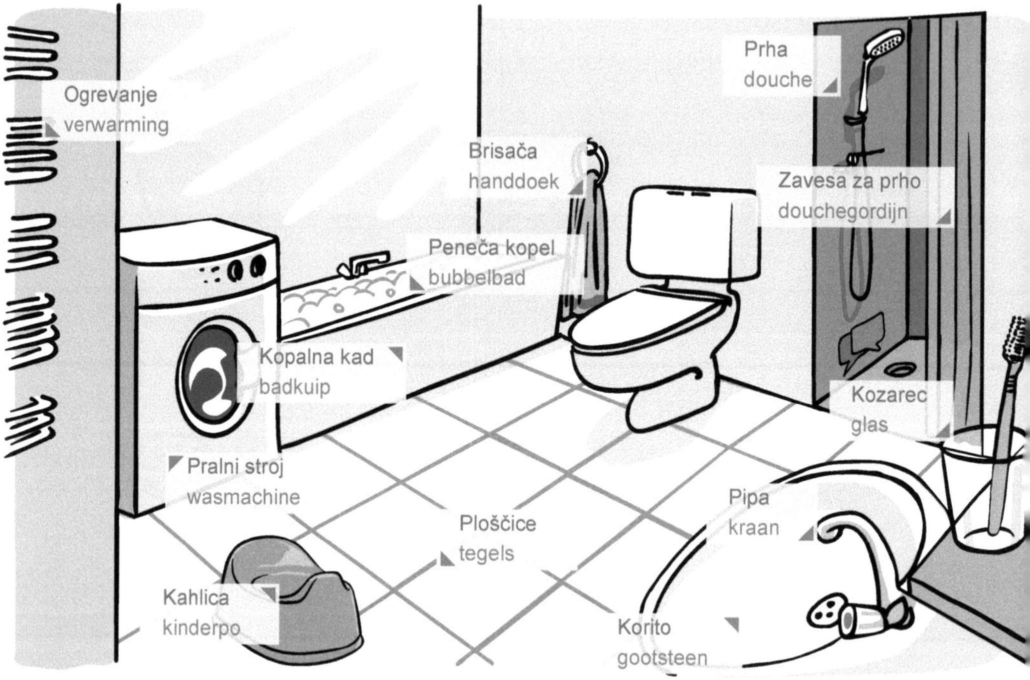

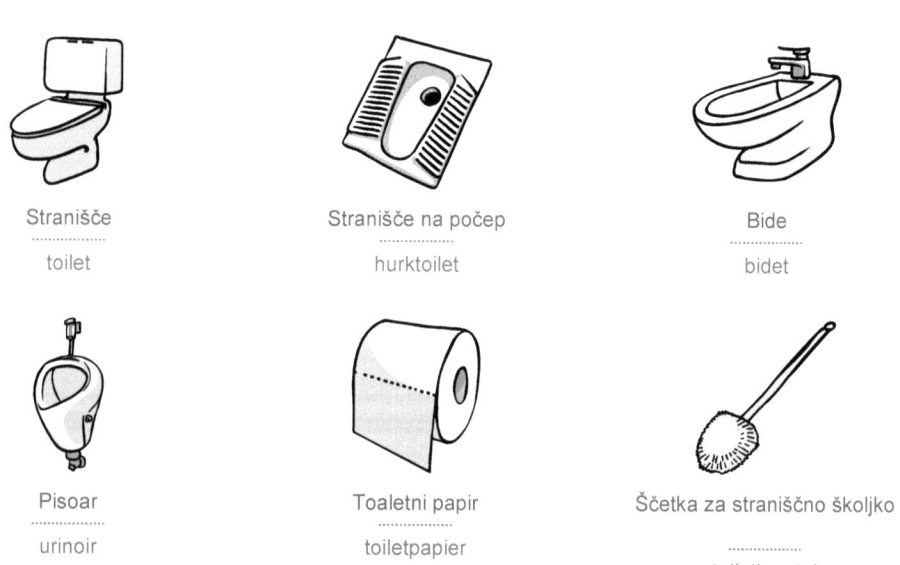

Ogrevanje
verwarming
Prha
douche
Brisača
handdoek
Zavesa za prho
douchegordijn
Peneča kopel
bubbelbad
Kopalna kad
badkuip
Kozarec
glas
Pralni stroj
wasmachine
Pipa
kraan
Ploščice
tegels
Kahlica
kinderpo
Korito
gootsteen

Stranišče
toilet

Stranišče na počep
hurktoilet

Bide
bidet

Pisoar
urinoir

Toaletni papir
toiletpapier

Ščetka za straniščno školjko
toiletborstel

Zobna ščetka

tandenborstel

Zobna pasta

tandpasta

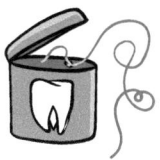

Zobna nitka

flosdraad

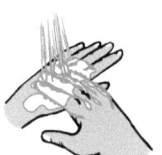

Umiti se

wassen

Ročna prha

handdouche

Prha za intimne dele

bidethanddouche

Umivalnik

waskom

Krtača za hrbet

rugborstel

Milo

zeep

Gel za prhanje

douchegel

Šampon

shampoo

Krpica za miljenje

washandje

Odtok

afvoer

Krema

crème

Deodorant

deodorant

Ogledalo

spiegel

Ročno ogledalo

handspiegel

Britvica

scheermes

Pena za britje

scheerschuim

Vodica po britju

aftershave

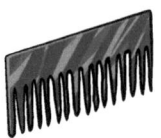

Glavnik

kam

Ščetka

borstel

Sušilnik za lase

haardroger

Lak za lase

haarlak

Ličila

make-up

Šminka

lippenstift

Lak za nohte

nagellak

Vatirane blazinice

watten

Škarjice za nohte

nagelknipper

Parfum

parfum

Toaletna torbica

toilettas

Stol brez naslonjala

kruk

Osebna tehtnica

weegschaal

Kopalni plašč

badjas

Gumijaste rokavice

latex handschoenen

Tampon

tampon

Damski vložki

maandverband

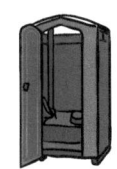

Kemično stranišče

chemisch toilet

Otroška soba
kinderkamer

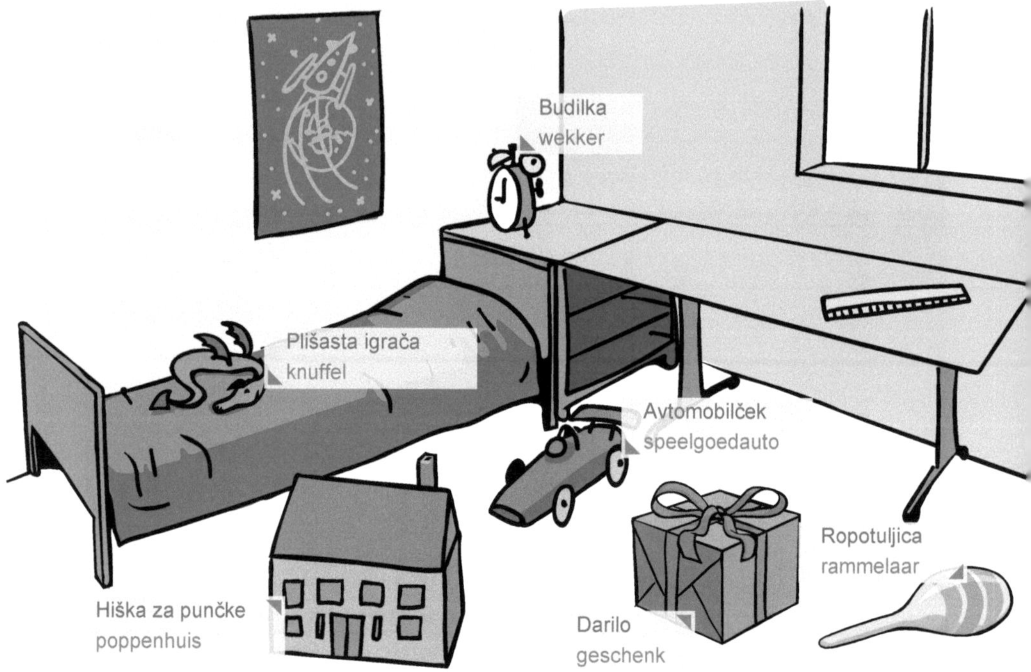

Budilka
wekker
Plišasta igrača
knuffel
Avtomobilček
speelgoedauto
Ropotuljica
rammelaar
Hiška za punčke
poppenhuis
Darilo
geschenk

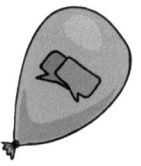

Balon

ballon

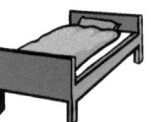

Postelja

bed

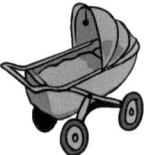

Otroški voziček

kinderwagen

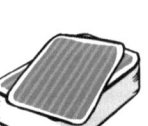

Igralne karte

spel kaarten

Sestavljanka

puzzel

SUPER MEGA

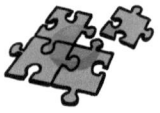

Strip

stripboek

Lego kocke

legoblokjes

Igralne kocke

blokken

Akcijska figura

actiefiguur

Bodi

kruippakje

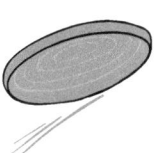

Frizbi

frisbee

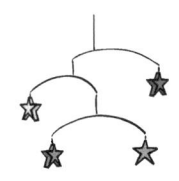

Vrtiljak za posteljico

mobiel

Namizna igra

bordspel

Kocka

dobbelsteen

Komplet modelov vlakov

modelspoorweg

Duda

fopspeen

Zabava

feest

Slikanica

prentenboek

Žoga

bal

Lutka

pop

Igrati se

spelen

Peskovnik

zandbak

Gugalnica

schommel

Igrače

speelgoed

Igralna konzola

spelconsole

Tricikel

driewieler

Plišasti medvedek

knuffelbeer

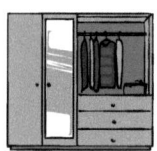

Garderoba

kleerkast

Oblačilo
kleding

Nogavice

sokken

Samostoječe nogavice

kousen

Hlačne nogavice

maillot

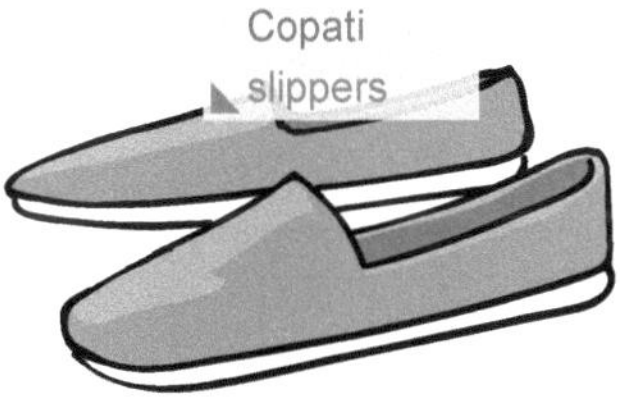

Šal
sjaal

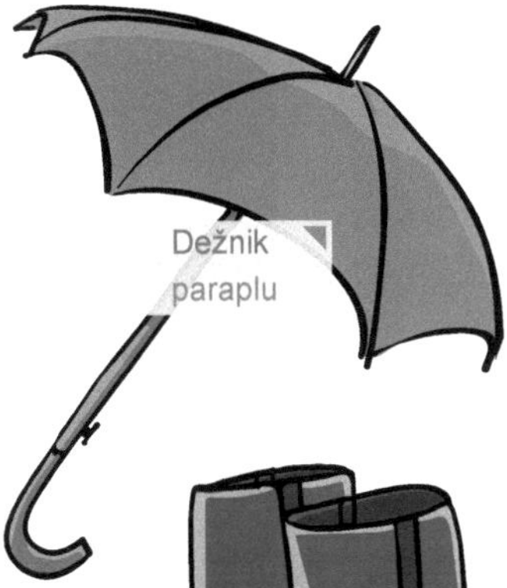

Dežnik
paraplu

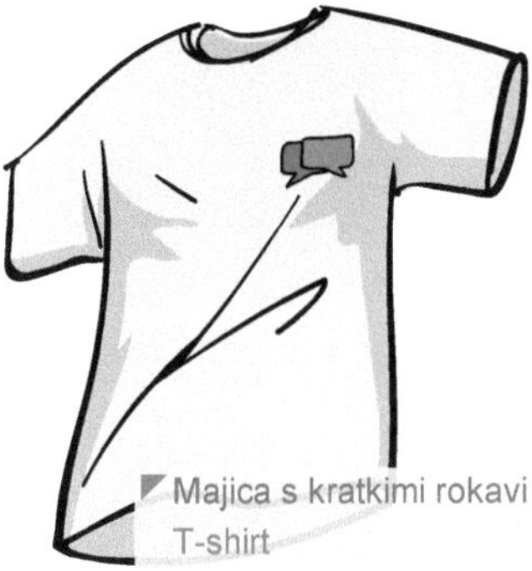

Majica s kratkimi rokavi
T-shirt

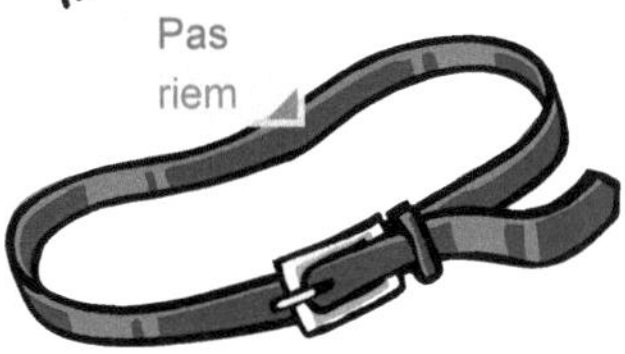

Pas
riem

Škornji
laarzen

Copati
slippers

Športni copati
sneakers

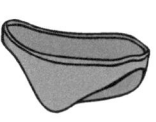

Sandali

sandalen

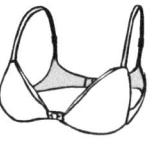

Čevlji

schoenen

Gumijasti škornji

rubberlaarzen

Spodnje hlače

onderbroek

Modrček

beha

Telovnik

onderhemd

Bodi

lichaam

Hlače

broek

Kavbojke

jeans

Krilo

rok

Bluza

blouse

Srajca

hemd

Pulover

trui

Pletena jopica

capuchontrui

Jopa

blazer

Jakna

jas

Plašč

jas

Dežni plašč

regenjas

Kostim

kostuum

Obleka

jurk

Poročna obleka

trouwjurk

Obleka

pak

Spalna srajca

nachthemd

Pižama

pyjama

Sari

sari

Naglavna ruta

hoofddoek

Turban

tulband

Burka

boerka

Kaftan

kaftan

Abaja

abaya

Kopalke

badpak

Kopalne hlače

zwembroek

Kratke hlače

short

Trenirka

trainingspak

Predpasnik

schort

Rokavice

handschoenen

Gumb

knoop

Očala

bril

Zapestnica

armband

Verižica

ketting

Prstan

ring

Uhan

oorbel

Kapa

pet

Obešalnik

kapstok

Klobuk

hoed

Kravata

das

Zadrga

rits

Čelada

helm

Naramnice

bretellen

Šolska uniforma

schooluniform

Uniforma

uniform

Slinček
....
slabbetje

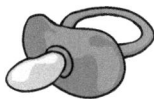

Duda
....
fopspeen

Plenica
....
luier

Pisarna
kantoor

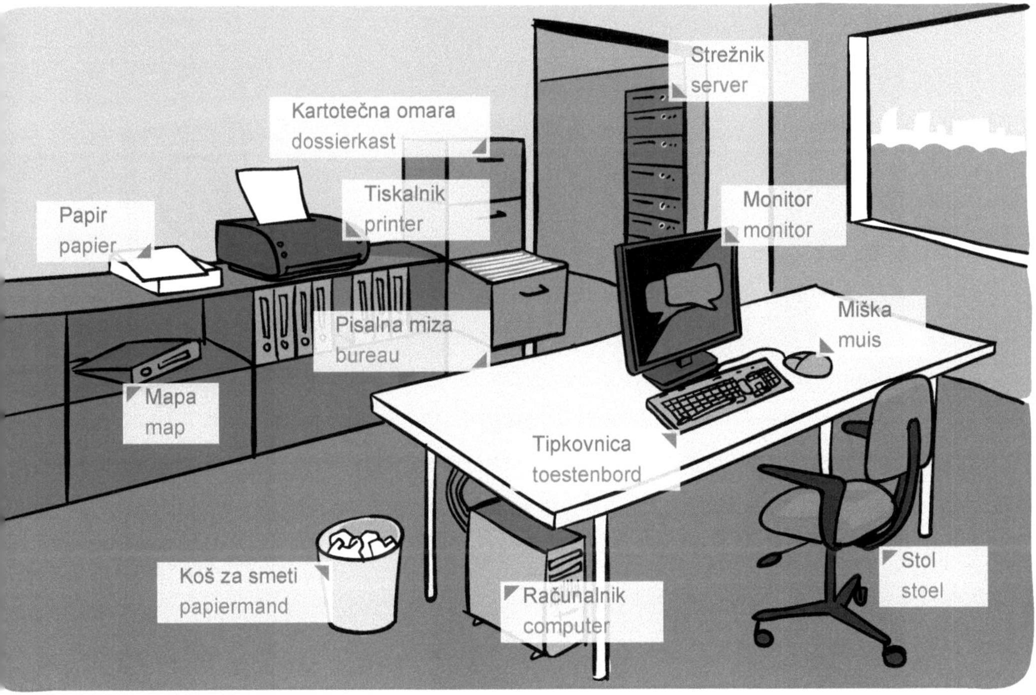

Strežnik
server

Kartotečna omara
dossierkast

Tiskalnik
printer

Monitor
monitor

Papir
papier

Miška
muis

Pisalna miza
bureau

Mapa
map

Tipkovnica
toestenbord

Koš za smeti
papiermand

Stol
stoel

Računalnik
computer

Lonček za kavo
....
koffiemok

Kalkulator
....
rekenmachine

Internet
....
internet

Prenosnik	Pismo	Sporočilo
laptop	brief	bericht

Mobilnik	Omrežje	Kopirni stroj
gsm	netwerk	kopieerapparaat

Programska oprema	Telefon	Vtičnica
software	telefoon	stopcontact
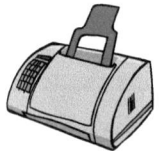	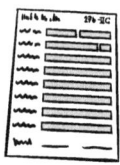	
Telefaks	Obrazec	Dokument
fax	formulier	document

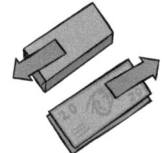

Kupiti

kopen

Plačati

betalen

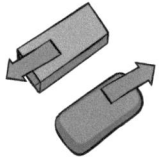

Trgovati

handelen

Denar

geld

Dolar

dollar

Evro

euro

Jen

yen

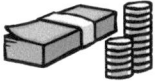

Rubelj

roebel

Švičarski frank

Zwitserse frank

Kitajski juan renminbi

Chinese renminbi

Rupija

roepie

Bankomat

geldautomaat

Menjalnica

wisselkantoor

Zlato

goud

Srebro

zilver

Nafta

olie

Energija

energie

Cena

prijs

Pogodba

contract

Davek

belasting

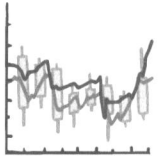

Delnice

aandeel

Delati

werken

Delojemalec

werknemer

Delodajalec

werkgever

Tovarna

fabriek

Trgovina

winkel

Poklici
beroepen

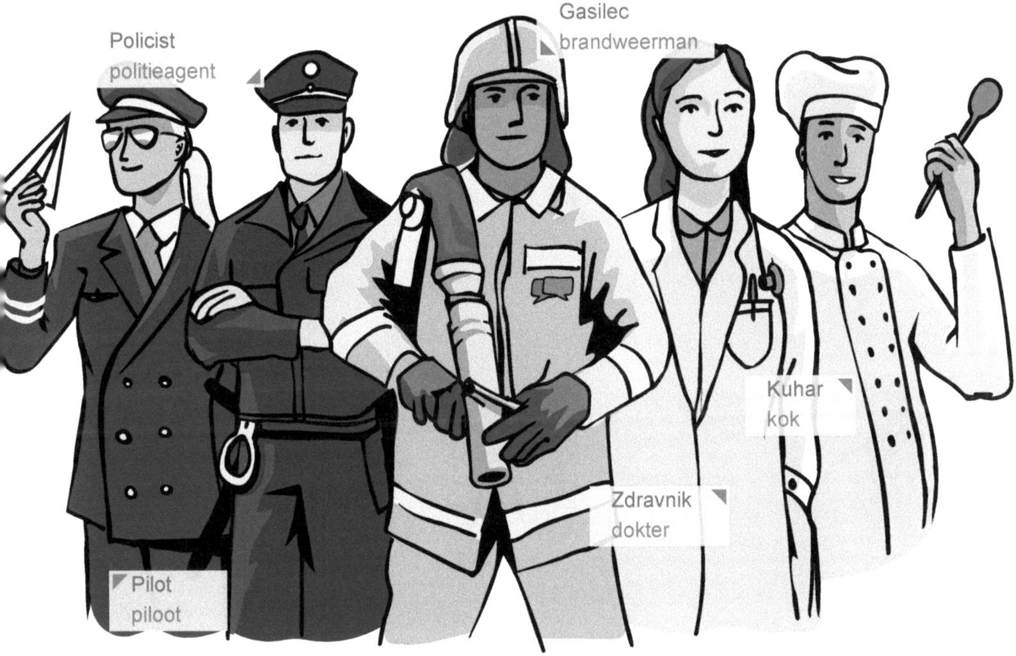

Policist
politieagent
Gasilec
brandweerman
Kuhar
kok
Zdravnik
dokter
Pilot
piloot

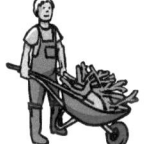

Vrtnar

tuinman

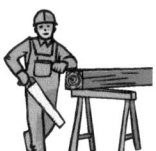

Mizar

timmerman

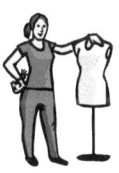

Šivilja

naaister

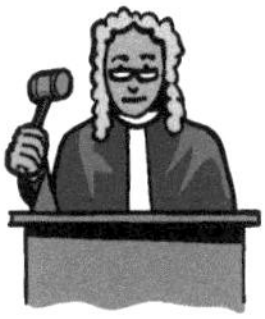

Sodnik

rechter

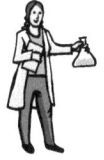

Kemik

chemicus

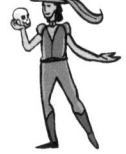

Igralec

acteur

Voznik avtobusa

buschauffeur

Taksist

taxichauffeur

Ribič

visser

Čistilka

schoonmaakster

Krovec

dakdekker

Natakar

ober

Lovec

jager

Pleskar

schilder

Pek

bakker

Električar

elektricien

Gradbenik

bouwvakker

Inženir

ingenieur

Mesar

slager

Vodovodni inštalater

loodgieter

Poštar

postbode

Vojak

soldaat

Arhitekt

architect

Blagajnik

kassier

Cvetličar

bloemist

Frizer

kapper

Sprevodnik

conducteur

Mehanik

mecanicien

Kapitan

kapitein

Zobozdravnik

tandarts

Znanstvenik

wetenschapper

Rabin

rabbijn

Imam

imam

Menih

monnik

Duhovnik

geestelijke

Orodje
werktuigen

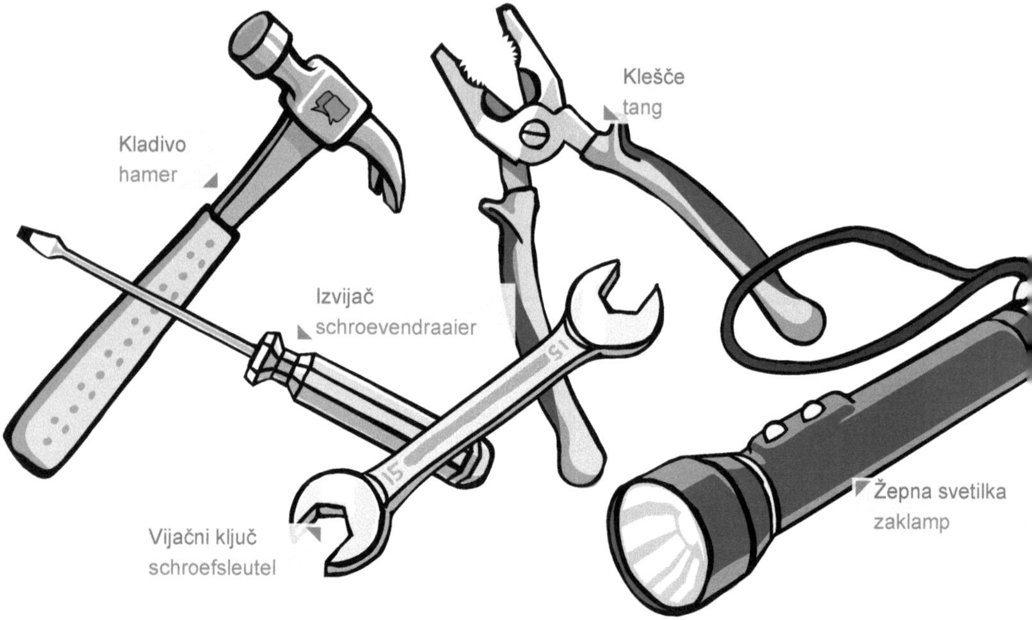
Kladivo
hamer
Klešče
tang
Izvijač
schroevendraaier
Vijačni ključ
schroefsleutel
Žepna svetilka
zaklamp

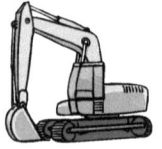

Bager

graafmachine

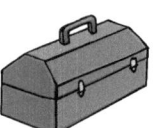

Zaboj z orodjem

gereedschapskoffer

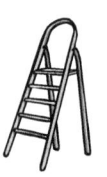

Lestev

ladder

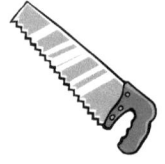

Žaga

zaag

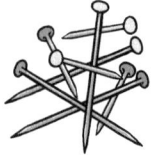

Žeblji

spijkers

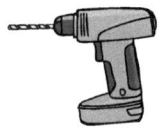

Vrtalnik

boormachine

Popraviti

repareren

Lopata

schop

Šment!

Verdomme!

Smetišnica

blik

Posoda z barvo

verfpot

Vijaki

schroeven

Glasbeni instrument

muziekinstrumenten

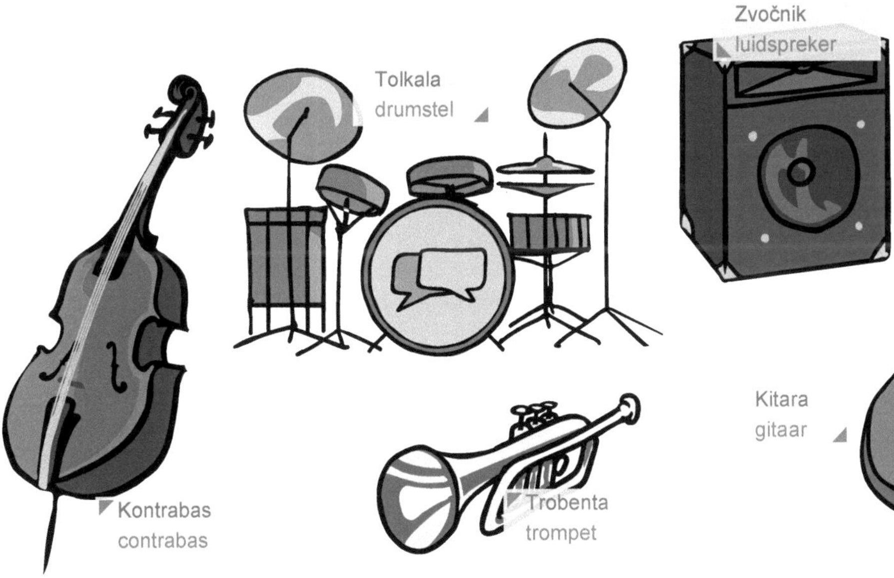

Zvočnik
luidspreker

Tolkala
drumstel

Kitara
gitaar

Kontrabas
contrabas

Trobenta
trompet

Klavir

piano

Violina

viool

Bas kitara

basgitaar

Pavke

pauk

Bobni

trommels

Sintetizator

keyboard

Saksofon

saxofoon

Flavta

fluit

Mikrofon

microfoon

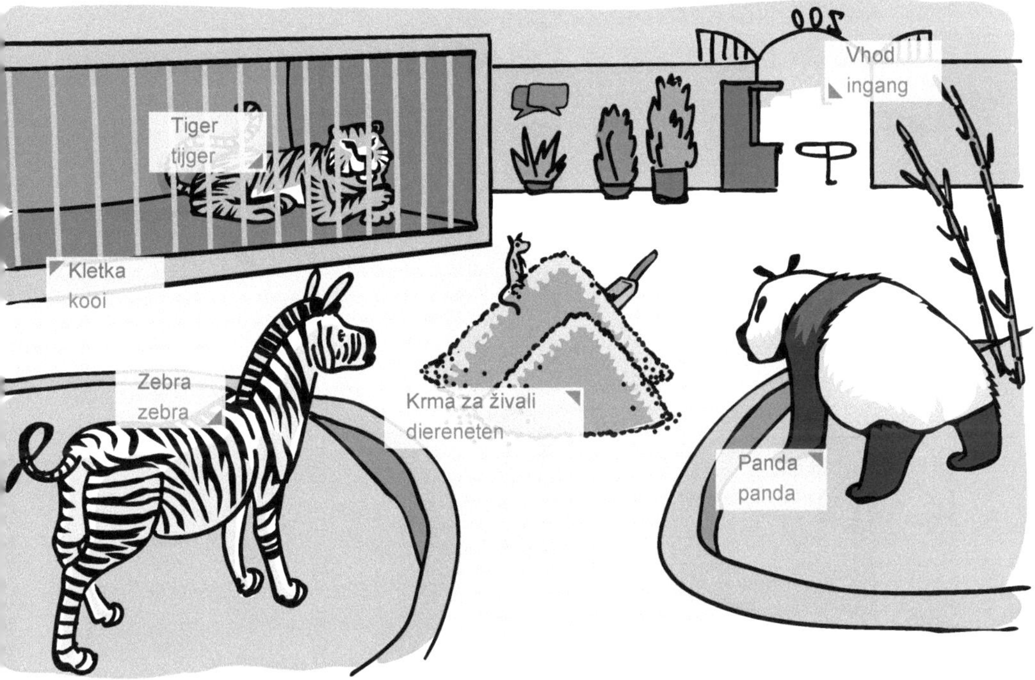

Vhod
ingang

Tiger
tijger

Kletka
kooi

Zebra
zebra

Krma za živali
diereneten

Panda
panda

Živali

dieren

Slon

olifant

Kenguru

kangoeroe

Nosorog

neushoorn

Gorila

gorilla

Medved

beer

Kamela

kameel

Noj

struisvogel

Lev

leeuw

Opica

aap

Plamenec

flamingo

Papagaj

papegaai

Severni medved

ijsbeer

Pingvin

pinguïn

Morski pes

haai

Pav

pauw

Kača

slang

Krokodil

krokodil

Oskrbnik v živalskem vrtu

dierenverzorger

Tjulenj

zeehond

Jaguar

jaguar

Poni

pony

Leopard

luipaard

Povodni konj

nijlpaard

Žirafa

giraffe

Orel

adelaar

Divji prašič

wild zwijn

Riba

vis

Želva

zeeschildpad

Mrož

walrus

Lisica

vos

Gazela

gazelle

Ameriški nogomet
rugby

Kolesarjenje
wielrennen

Tenis
tennis

Košarka
basketbal

Plavanje
zwemmen

Boks
boksen

Hokej
ijshockey

Nogomet
voetbal

Badminton
badminton

Atletika
atletiek

Rokomet
handbal

Smučanje
skiën

Polo
polo

Dejavnosti
activiteiten

Skočiti
springen
Objeti
knuffelen
Smejati se
lachen
Hoditi
wandelen
Peti
zingen
Sanjati
dromen
Moliti
bidden
Poljubiti
kussen

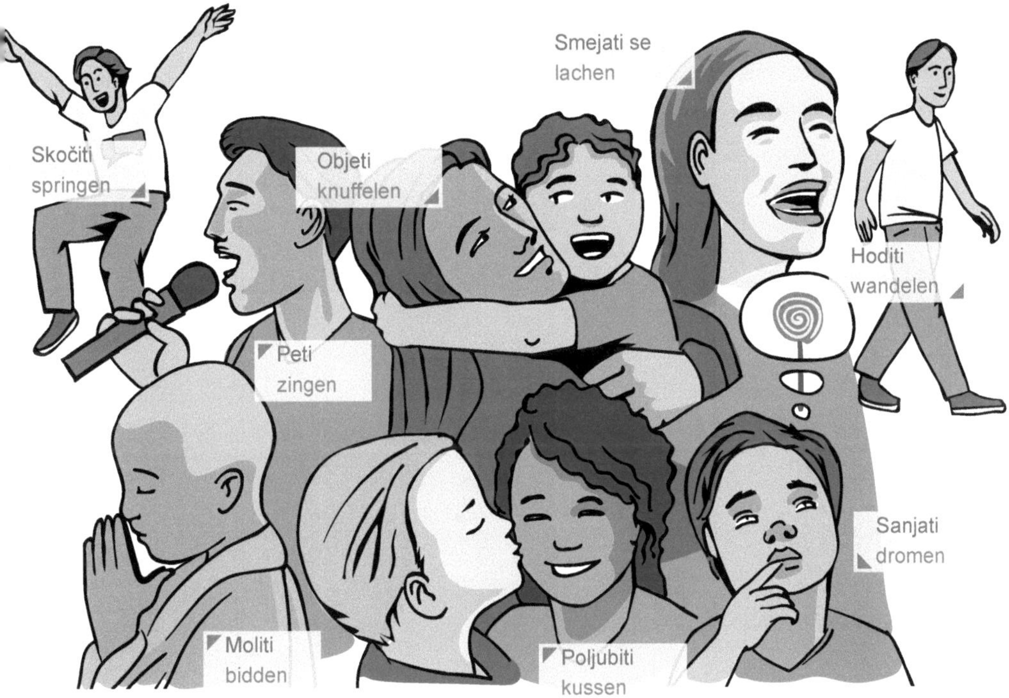

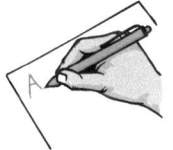

Pisati

schrijven

Risati

tekenen

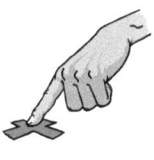

Pokazati

tonen

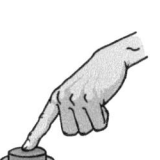

Potisniti

duwen

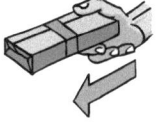

Dati

geven

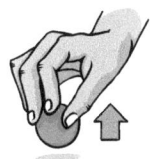

Vzeti

nemen

Imeti

hebben

Narediti

doen

Biti

zijn

Stati

staan

Teči

lopen

Vleči

trekken

Vreči

gooien

Pasti

vallen

Ležati

liggen

Čakati

wachten

Nositi

dragen

Sedeti

zitten

Obleči se

aankleden

Spati

slapen

Zbuditi se

ontwaken

Gledati

kijken naar

Jokati

wenen

Božati

aaien

Česati se

kammen

Govoriti

praten

Razumeti

begrijpen

Vprašati

vragen

Poslušati

luisteren

Piti

drinken

Jesti

eten

Pospraviti

opruimen

Ljubiti

houden van

Kuhati

koken

Voziti

rijden

Leteti

vliegen

Jadrati

zeilen

Računanje

rekenen

Brati

Lezen

Učiti se

leren

Delati

werken

Poročiti se

trouwen

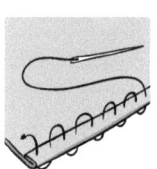

Šivati

naaien

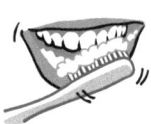

Ščetkati si zobe

tandenpoetsen

Ubiti

doden

Kaditi

roken

Poslati

sturen

Stara mati
grootmoeder

Stari oče
grootvader

Oče
vader

Mati
moeder

Dojenček
baby

Hči
dochter

Sin
zoon

Gost

gast

Teta

tante

Stric

oom

Brat

broer

Sestra

zus

Družina - familie

Telo

lichaam

Čelo
voorhoofd
Oko
oog
Rama
schouder
Prst
vinger
Obraz
gezicht
Brada
kin
Dlan
hand
Noga
been
Prsi
borst
Roka
arm

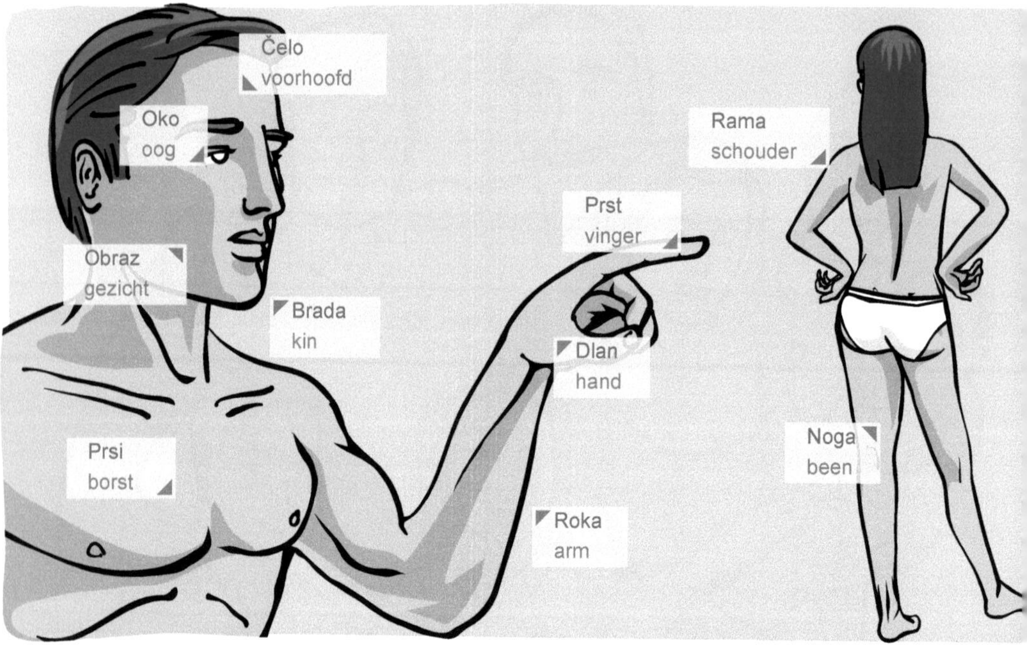

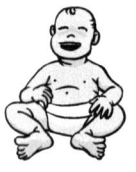

Dojenček

baby

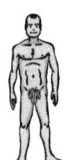

Človek

man

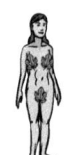

Ženska

vrouw

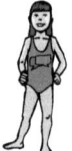

Dekle

meisje

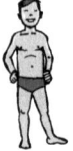

Fant

jongen

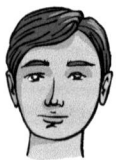

Glava

hoofd

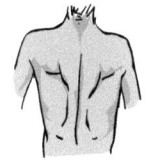

Hrbet

rug

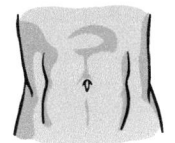

Trebuh

buik

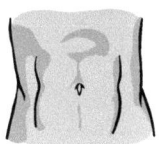

Popek

navel

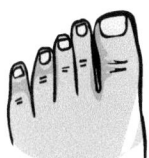

Prst na nogi

teen

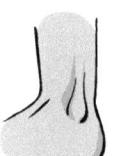

Peta

hiel

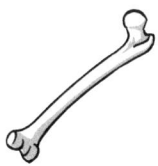

Kost

bot

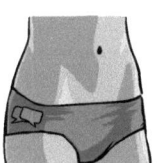

Kolk

heup

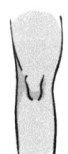

Koleno

knie

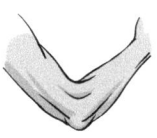

Komolec

elleboog

Nos

neus

Zadnjica

zitvlak

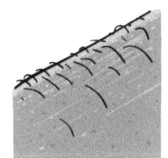

Koža

huid

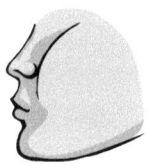

Lice

wang

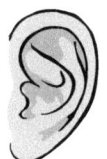

Uho

oor

Ustnica

lip

Usta

mond

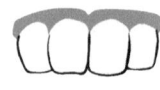

Zob

tand

Jezik

tong

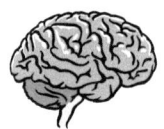

Možgani

hersenen

Srce

hart

Mišica

spier

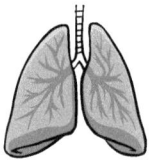

Pljuča

long

Jetra

lever

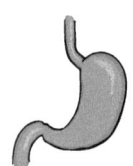

Želodec

maag

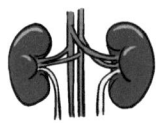

Ledvice

nieren

Spolni odnos

seks

Kondom

condoom

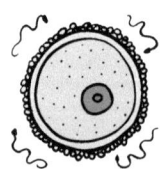

Jajčece

eicel

Semenska tekočina

sperma

Nosečnost

zwangerschap

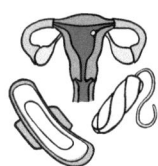

Menstruacija

menstruatie

Vagina

vagina

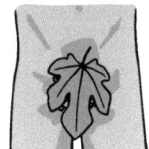

Penis

penis

Obrv

wenkbrauw

Lasje

haar

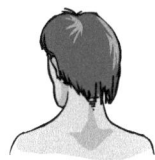

Vrat

nek

Bolnišnica
ziekenhuis

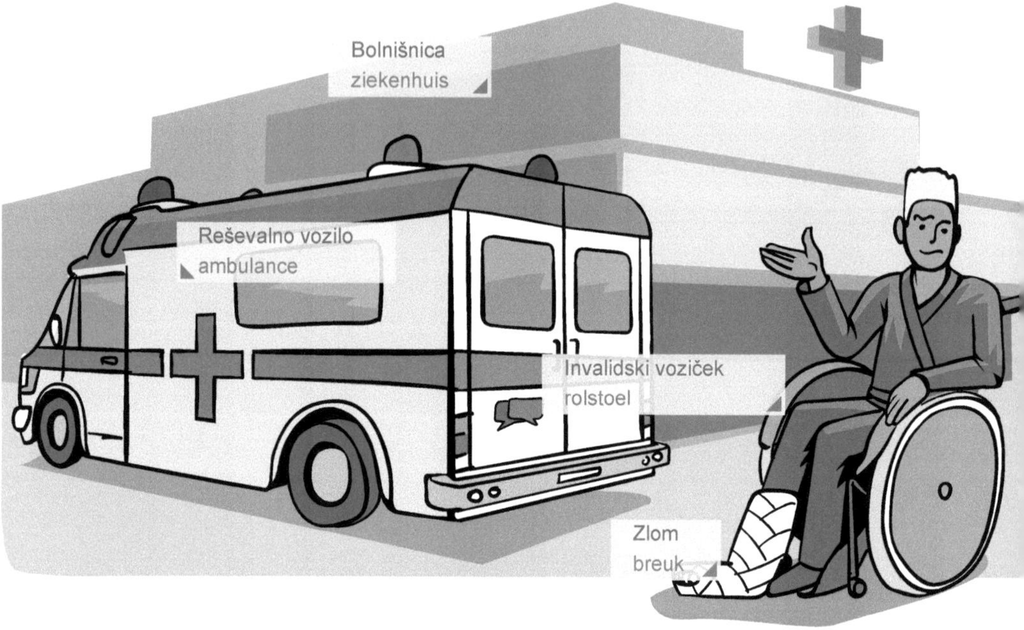

Bolnišnica
ziekenhuis
Reševalno vozilo
ambulance
Invalidski voziček
rolstoel
Zlom
breuk

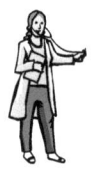

Zdravnik

dokter

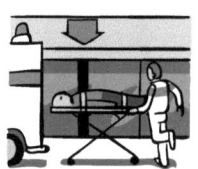

Urgenca

spoed

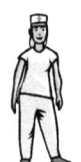

Medicinska sestra

verpleegkundige

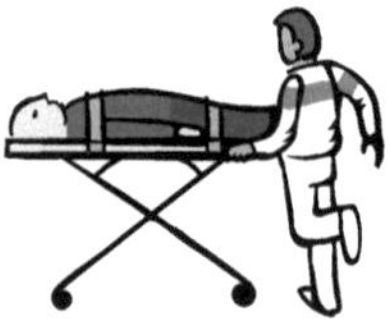

Nujni primer

noodgeval

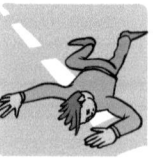

Nezavesten

bewusteloos

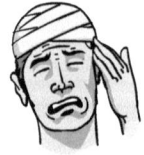

Bolečina

pijn

Poškodba

verwonding

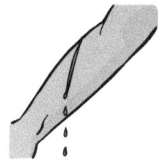

Krvavenje

bloeding

Srčni infarkt

hartaanval

Kap

beroerte

Alergija

allergie

Kašelj

hoest

Vročina

koorts

Gripa

griep

Driska

diarree

Glavobol

hoofdpijn

Rak

kanker

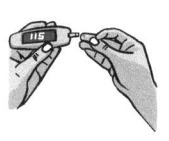

Sladkorna bolezen

diabetes

Kirurg

chirurg

Skalpel

scalpel

Operacija

operatie

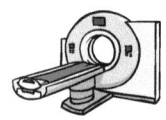

CT

CT

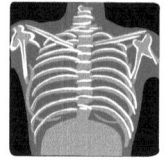

Rentgen

röntgenstraal

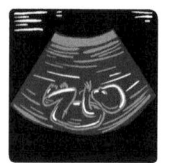

Ultrazvok

ultrageluid

Obrazna maska

gezichtsmasker

Bolezen

ziekte

Čakalnica

wachtkamer

Bergla

kruk

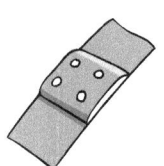

Obliž

pleister

Preveza

verband

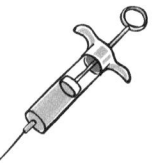

Injekcija

injectie

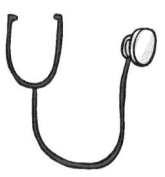

Stetoskop

stethoscoop

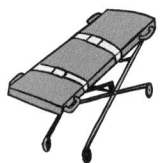

Nosila

brancard

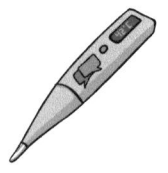

Klinični termometer

thermometer

Porod

geboorte

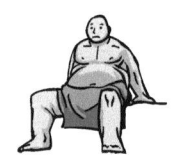

Prekomerna teža

overgewicht

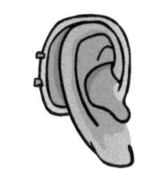

Slušni pripomoček

hoorapparaat

Razkužilo

ontsmettingsmiddel

Okužba

infectie

Virus

virus

HIV / AIDS

HIV / AIDS

Medicina

medicijn

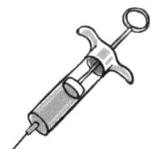

Cepljenje

vaccinatie

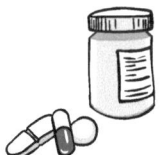

Tablete

tabletten

Tableta

pil

Klic v sili

noodoproep

Merilnik krvnega tlaka

bloeddrukmeter

bolano / zdravo

ziek / gezond

Alarm

alarm

Napad

overval

Napad

aanval

Nevarnost

gevaar

Izhod v sili

nooduitgang

Na pomoč!

Help!

Gori!

Brand!

Gasilni aparat

brandblusser

Nezgoda

ongeval

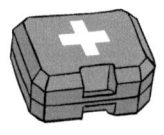

Komplet za prvo pomoč

EHBO-kit

SOS

SOS

Policija

politie

Evropa

Europa

Severna Amerika

Noord-Amerika

Južna Amerika

Zuid-Amerika

Afrika

Afrika

Azija

Azië

Avstralija

Australië

Atlantski ocean

Atlantische Oceaan

Tihi ocean

Stille Oceaan

Indijski ocean

Indische Oceaan

Južni ocean

Antarctische Oceaan

Arktični ocean

Arctische Oceaan

Severni tečaj

Noordpool

Južni tečaj

Zuidpool

Antarktika

Antarctica

Zemlja

aarde

Kopno

land

Morje

zee

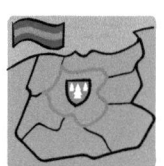

Otok

eiland

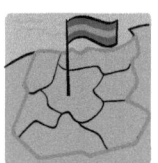

Narod

natie

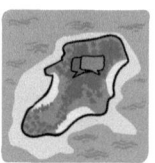

Država

staat

Številčnica

wijzerplaat

Urni kazalec

uurwijzer

Minutni kazalec

minuutwijzer

Sekundni kazalec

secondewijzer

Koliko je ura?

Hoe laat is het?

Dan

dag

Čas

tijd

Zdaj

nu

Digitalna ura

digitale horloge

Minuta

minuut

Ura

uur

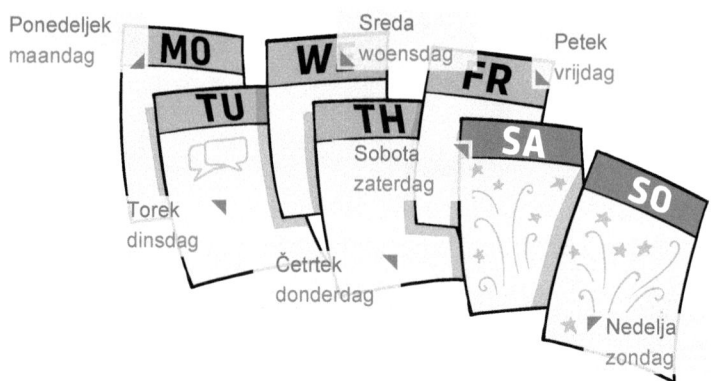

Ponedeljek
maandag

Sreda
woensdag

Petek
vrijdag

Torek
dinsdag

Četrtek
donderdag

Sobota
zaterdag

Nedelja
zondag

Včeraj

gisteren

Danes

vandaag

Jutri

morgen

Jutro

ochtend

Poldne

middag

Večer

avond

Delovni dnevi

werkdagen

Konec tedna

weekend

Dež
regen

Mavrica
regenboog

Sneg
sneeuw

Veter
wind

Pomlad
lente

Poletje
zomer

Jesen
herfst

Zima
winter

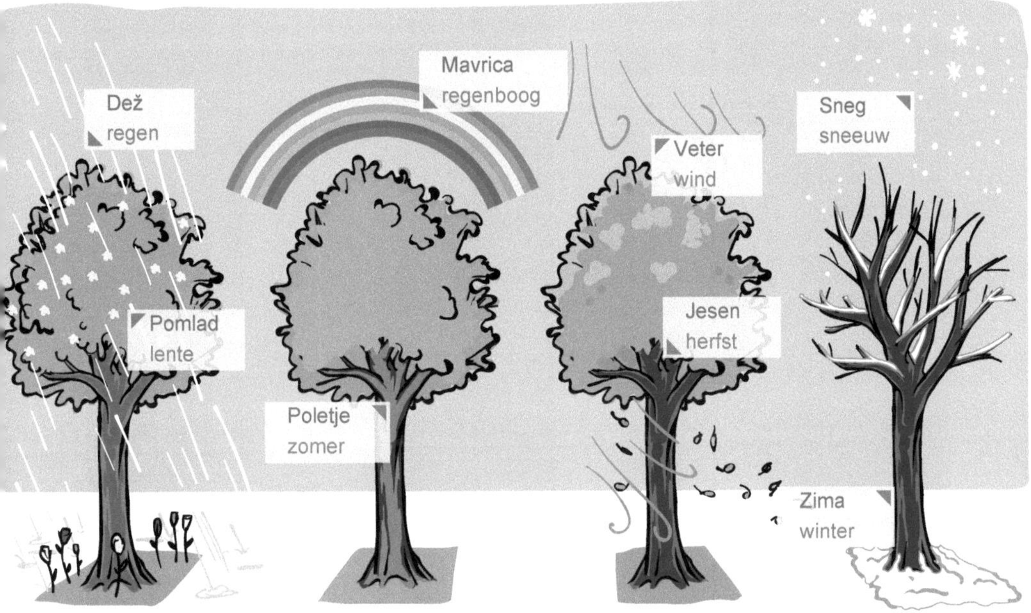

Vremenska napoved

weervoorspelling

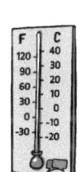

Termometer

thermometer

Sončna svetloba

zonneschijn

Oblak

wolk

Megla

mist

Vlažnost

vochtigheid

Strela

bliksem

Grom

donder

Nevihta

storm

Toča

hagel

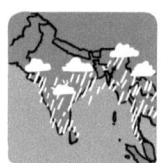

Monsun

moesson

Poplava

overstroming

Led

ijs

Januar

januari

Februar

februari

Marec

maart

April

april

Maj

mei

Junij

juni

Julij

juli

Avgust

augustus

September
....
september

Oktober
....
oktober

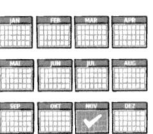

November
....
november

December
....
december

Oblike
vormen

Krogla
....
cirkel

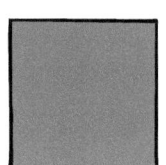

Kvadrat
....
kwadraat

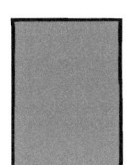

Pravokotnik
....
rechthoek

Trikotnik
....
driehoek

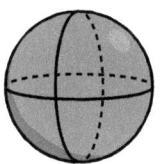

Krogla
....
bol

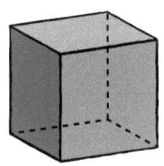

Kocka
....
kubus

Bela

wit

Rumena

geel

Oranžna

oranje

Rožnata

roze

Rdeča

rood

Vijolična

paars

Modra

blauw

Zelena

groen

Rjava

bruin

Siva

grijs

Črna

zwart

veliko / malo

veel / weinig

jezno / umirjeno

boos / kalm

lepo / grdo

mooi / lelijk

začetek / konec

begin / einde

veliko / majhno

groot / klein

svetlo / temno

licht / donker

brat / sestra

broer / zus

čisto / umazano

proper / vuil

popolno / nepopolno

volledig / onvolledig

dan / noč

dag / nacht

mrtvo / živo

dood / levend

široko / ozko

breed / smal

užitno / neužitno

eetbaar / oneetbaar

zlobno / prijazno

kwaadaardig / vriendelijk

vznemirjeno / zdolgočaseno

opgewonden / verveeld

debelo / vitko

dik / dun

prvo / zadnje

eerst / laatst

prijatelj / sovražnik

vriend / vijand

polno / prazno

vol / leeg

trdo / mehko

hard / zacht

težko / lahko

zwaar / licht

lakota / žeja

honger / dorst

bolano / zdravo

ziek / gezond

nezakonito / zakonito

illegaal / legaal

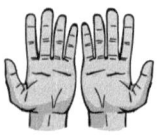

pametno / neumno

intelligent / dom

levo / desno

links / rechts

blizu / daleč

dichtbij / veraf

novo / rabljeno

nieuw / gebruikt

nič / nekaj

niets / iets

staro / mlado

oud / jong

vklopljeno / izklopljeno

aan / uit

odprto / zaprto

open / dicht

tiho / glasno

stil / luid

bogato / revno

rijk / arm

prav / narobe

juist / fout

grobo / gladko

ruw / glad

žalostno / veselo

droevig / blij

kratko / dolgo

kort / lang

počasi / hitro

traag / snel

mokro / suho

nat / droog

toplo / hladno

warm / koud

vojna / mir

oorlog / vrede

0	**1**	**2**
Ničla	Ena	Dva
nul	één	twee

3	**4**	**5**
Tri	Štiri	Pet
drie	vier	vijf

6	**7**	**8**
Šest	Sedem	Osem
zes	zeven	acht

9	**10**	**11**
Devet	Deset	Enajst
negen	tien	elf

12

Dvanajst

twaalf

13

Trinajst

dertien

14

Štirinajst

veertien

15

Petnajst

vijftien

16

Šestnajst

zestien

17

Sedemnajst

zeventien

18

Osemnajst

achtien

19

Devetnajst

negentien

20

Dvajset

twintig

100

Sto

honderd

1.000

Tisoč

duizend

1.000.000

Milijon

miljoen

Angleščina

Engels

Ameriška angleščina

Amerikaans Engels

Mandarinščina

Chinees (Mandarijn)

Hindujščina

Hindi

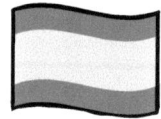

Španščina

Spaans

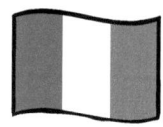

Francoščina

Frans

Arabščina

Arabisch

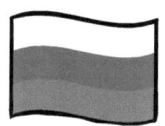

Ruščina

Russisch

Portugalščina

Portugees

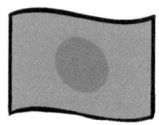

Bengalščina

Bengali

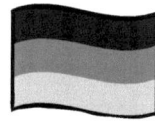

Nemščina

Duits

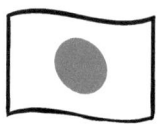

Japonščina

Japans

Jaz

ik

Ti

u

On / ona / tisto

hij / zij / het

Mi

wij

Vi

u

Oni

ze

Kdo?

wie?

Kaj?

wat?

Kako?

hoe?

Kje?

waar?

Kdaj?

wanneer?

Ime

naam

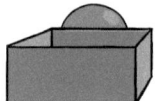

Zadaj

achter

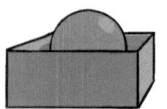

V

in

Pred

voor

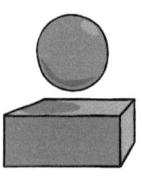

Nad

boven

Na

op

Pod

onder

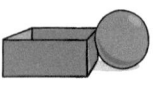

Poleg

naast

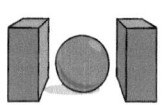

Med

tussen

Kraj

plaats